novum pro

SAMUEL NAGEL

GEFÜHLE IM GEDANKENPALAST

novum pro

Bibliografische Information
der Deutschen Nationalbibliothek:

Die Deutsche Nationalbibliothek
verzeichnet diese Publikation in
der Deutschen Nationalbibliografie.
Detaillierte bibliografische Daten
sind im Internet über
http://www.d-nb.de abrufbar.

Gedruckt in der Europäischen Union
auf umweltfreundlichem, chlor- und
säurefrei gebleichtem Papier.

ISBN 978-3-99146-875-2
Lektorat: Daniela Ornest
Umschlagfoto: Aleksandr
Deriushkin | Dreamstime.com
Umschlaggestaltung, Layout & Satz:
novum Verlag

www.novumverlag.com

Druckprodukt mit finanziellem
Klimabeitrag
ClimatePartner.com/16547-2311-1001

Inhaltsverzeichnis

Die Literatur, in ihrer mehrseitigen Form, ist für jeden einzelnen Menschen etwas anderes. Für die einen ist sie ein Zufluchtsort in schweren Zeiten, für andere eine Inspiration, selbst etwas zu schreiben. Für mich ist sie noch mehr. Durch die Literatur, in Form von Gedichten, kann ich meine Gedanken aussprechen, ohne sie jemals gesagt zu haben. Ich kann meine Gefühle ausdrücken, ohne sie jemandem wirklich gezeigt zu haben. Durch Gedichte kann ich mich in einer Art ausdrücken, die es mir erlaubt, meine Gefühle und Gedanken besser zu verstehen. So habe ich Gedichte geschrieben, welche von meinen Erlebnissen handeln, wie eine Kreuzfahrt oder plötzliche Gedankenzüge über das Thema Persönlichkeit. Aber auch Gefühle sind ein großer Punkt, sei es einfach nur meine aktuelle Gefühlslage oder die Liebe zu einer Person. All diese Themen konnte ich durch die Literatur zum Ausdruck bringen, weswegen sie für mich zusätzlich noch eine Art Medium ist.

Leben

Gezogen in das Licht
Entnommen der Dunkelheit
Das Schreien nicht bricht

An der Hand des Geleiters
Bis zur Selbstständigkeit
Hoch die Sprossen der Leiter

Die Leiter nun hoch erklommen
Bereit für Eigenständigkeit
Das eigen Kind bereit zum Kommen

Am Ende nun angelangt
Mit näherkommender Dunkelheit
Der Tod die Hände um die Seele rangt

Gesichter

Jeder Mensch, ob groß ob klein
Scheint äußerlich eins zu sein
Doch innerlich total verschieden
Je nach Person, mit der sie agieren
Ob freundlich oder gehässig
Sie bleiben einfach hässlich

Lieben wollen

Ich möchte es sehr, lieben
Mich dafür aber niemals biegen
Ich möchte gern ihre Nähe spüren
Sie dabei ganz zart berühren

Doch fürcht ich mich zu binden
Möchte nur die Eine finden
Die Eine, die mich versteht
Mit mir durch alles geht

Möchte mit ihr alles teilen
Soll mich von allem heilen
Möchte, dass sie mich vermisst
Mich niemals vergisst

Doch darf es nur die Eine sein
Niemals eine Andere, nein
Möchte nicht alles offenlegen
Um wieder den Schmerz zu queren

Doch wie kann ich sie finden?
Muss wohl mich selbst überwinden
Doch dann muss ich mich biegen
Ich werd wohl niemals lieben

Gefangen

Voller Euphorie einen Pakt begangen
Erst spät bemerkt, die Qual der Pflicht
Ich fühle mich darin gefangen
So lang, bis mein Geist zerbricht

Versuche durchzuhalten bis zum Ende
Doch mein Geist kommt mir in die Quere
Wie Steine meine Hände
Ziehen mich in die Leere

Unsichtbar

Ich wandle wie jeder auf dieser Welt
Doch schenkt mir niemand Beachtung
Ich weiß, ich bin nicht wirklich ein Held
Doch verdiene ich nicht Verachtung

Gerade für das andere Geschlecht
Bin ich nicht mehr als Luft
Sie haben dafür kein Recht
Mich zu behandeln wie einen Schuft

Sie sollen mich einfach sehen
Mich besser kennenlernen
Versuchen, mich zu verstehen
Ohne sich von mir zu entfernen

Doch leider ist es nicht gelungen
Sie von mir zu überzeugen
Ich habe nichts bezwungen
Und verblasse in Lichtersäulen

Still

Mitten im Wald, ein einsamer See
Gut versteckt hinter Blätterlaub
Ein einsames, verirrtes Reh
Sich dem See immer näher traut

Der See völlig ruhig und still
Lässt das Reh näherkommen
Gibt ihm, was es will
Und hat es in sich aufgenommen

Liebe

Von schönen Gefühlen erschlagen
Lässt mein Kopf total versagen

Umgarnt mich mit angenehmen Worten
Treten ein in des Herzens Pforte

Nisten sich ein im Zentrum
Bleiben niemals stumm

Lassen das Herz schneller schlagen
Bis hin zum völligen Versagen

Warum du?

Jede Nacht, da träume ich
Doch nicht von mir
Sondern träum ich von dir
Bis ich mich völlig verlier

Ich kann dich spüren
Kann dich berühren
Ich fühle deine Nähe
Deine Wärme wehe

Du bist in meinem Kopfe
Verdirbst mir mein' Schopfe
Du stehst in meiner Sicht
Doch möchte ich das nicht

Ich möchte mich lösen
Von dir und deinem Bösen
Doch frage ich mich
Warum ausgerechnet dich?

Wer würde?

Wer würde mich lieben?
Versuchen, mich zu verstehen
Ohne sich dafür zu biegen
Mich endlich als Ganzes sehen

Wer würde meine Interessen teilen?
Mit mir Zeit verbringen
Mich vom Alltag heilen
Sich für mich Zeit erzwingen

Wer würde mich vermissen?
Wenn ich einst fort
Aus dem Leben gerissen
Nicht mehr am gängigen Ort

Wer würde um mich weinen?
An meinem Grabe stehen
Die Tränen im Licht scheinen
Um meine Nähe flehen

Wer würde alles für mich sein?
Alles für mich machen
Sich nennen mein
Über mich wachen

Scheu

Der Mensch genießt die Nähe
Mit sich und seinen Liebsten
Doch ich hingegen gehe
Weg von den Kontaktverliebten

Traum

In der tiefen Nacht
Man sich zurückzieht
In seiner eigen Welt
Fern der Realität
Bis der Sonne Strahlen
Den Himmel erleuchten

Gefühle

In mir tief gefangen
Erblicken kein Licht
Mit großem Verlangen
Der Käfig zerbricht
Das Innere übergangen
Die Reaktion entwicht

Einsamkeit

Allein
Fühlt man sich wohl
Man hat
Nur sich
Niemand sonst

Man macht
Was man liebt
Ohne auch nur
Auf jemand anderen
Zu schauen

Doch irgendwann
Ist es zu viel
Und man möchte gern
Mit jemand anderem
Zusammen sein

Aber leider
Ist man
Völlig alleine

Wann ist es Liebe?

Wenn sie mir im Traum erscheint?
Mit mir für immer vereint?

Wenn sie in meinem Kopfe bleibt?
Mich an den Abgrund treibt?

Mich nach ihrer Wärme sehne?
Mich in ihrer Nähe wähne?

Wenn ich unsere Zeit genieße?
Ohne dass ich mich verschließe?

Im Inneren herrschen Kriege
Ist das die Liebe?

Freude

Ein Gefühl von Wärme
Im Auge leuchten die Sterne
Die Füße wie auf Wolken
Alles herum so golden

Einseitig

Ich gab viel
Du gabst wenig

Ich schrieb dir
Du lasest nur

Ich sprach zu dir
Du antwortetest nur

Ich umarmte dich
Du erwidertest nur

Ich suchte deine Nähe
Du die Distanz

Am Ende nahmst du viel
Ich nur wenig

Gedankenpalast

Mein Kopf einem Palast gleicht
Raum für jede Art von Gedanken
Der Platz auf ewig reicht
Ohne etwas zu verbannen

Oben herrschen die Schönen
Wenig, doch machtvoll
Spucken in großen Tönen
Groß und prachtvoll

Unten kriechen die Hässlichen
Eingehüllt in Dreck
Gequält von Stichen
Erfüllen sie ihren Zweck

Ich bediene mich an beiden
Werfe sie hinaus
Zwing sie auf ein Schreiben
Mache ein Gedicht daraus

Flucht

Wenn das Leben schwer
Hilft die Flucht ins Innere

Die Flucht in die Eigenwelt
Die Eigenwelt der Gedanken

Losgelöst von jeder Norm
Verkörpert sie jede Form

Formt sich zu allen Wünschen
Doch schützt es nicht vor draußen

Draußen vor dem Schweren
Den schweren Entscheidungen

Einsamer Morgen

Das Bett ist groß und leer
Mir fehlt eine Frau zum Teilen
Eine, mit der ich im Bett verweile
Ach, wie gern hätte ich das sehr

Schwarzes Schaf

Er kam ganz unbeholfen
In den inneren Kreis
Er – zum Mittelpunkt aller verholfen
Doch zu welchem Preis

Immer größer die Distanz
Zwischen dem Kreis und mir
Nur wegen des Zwangs
Zu gehorchen wie ein Tier

Doch kann ich das nicht
Ich komm mit ihm nicht klar
Es ist nicht meine Pflicht
Ihn zu mögen, unermessbar

Doch bleibt er jetzt für immer
Ich muss wohl damit leben
Doch hab ich keinen Schimmer
Zu leben, ohne Hass zu sähen

Sehnsucht

Trotz großer weiter Ferne
Bist du immer in meiner Nähe
Ich kann nicht aufhören, an dich zu denken
Mich in meinen Gefühlen für dich zu versenken

Du schießt mir immer in den Kopf
Mit deinem hellen blonden Schopf
Deine leuchtend blauen Augen
In denen Ozeane hausen

Dein wunderbares Lächeln
Bringt meine triste Fassade zum Schwächeln
Ich genieße unsere gemeinsame Zeit
Und hoffe, dass sie für immer bleibt

Ich will dich nennen meins
Wir dann auf ewig eins
Doch hast du jemand anders
Und ich bin ganz woanders

Kompliment

Die Schönheit deiner Augen
Ist nur schwer zu glauben
Erst wenn man sie sieht
Merkt man, dass man sich darin verliert

Gedankenvoll

Mein Schädel quillt über
Es sind zu viel' Gedanken
Ich gehe einfach darüber
Doch sind bereits über mich gegangen

Sie geben mir keine Ruh
Quälen mich zu jeder Stunde
Lassen keine Pause zu
Vergrößern die Wunde

Das ewige Dilemma

Bei jeder Entscheidung oder Tat
Entscheidet man sich für einen Pfad

Vorher aber, immer zwei streiten
Vertreten jeweils die anderen Seiten

Es entsteht immer ein Konflikt
Bis es eine endgültig zerbricht

Das Hirn oder das Herz
Was bleibt, ist der Schmerz

Der einsame Mann

Er streift durch dunkle Gassen
Fühlt sich allein gelassen
Niemand fragt, wie es ihm geht
Noch wie es um ihn steht

Er steht ganz allein auf der Brücke
Erhofft sich Fülle für seine Lücke
Doch gibt es nichts, was diese stopft
Der Sprung in seinen Gedanken klopft

Auf dem Geländer, der Blick hinunter
In seinem Inneren, die Angst mitunter
Doch wagt er den Schritt ins nasse Grab
Am Ende, er völlig alleine starb

Ewigkeit

Der Körper
Im Tod verschwand
Doch was bleibt
Ist das
Wofür er stand

Die Schiffsreise

Gefüllt mit Menschenmassen
Zieht es über die blauen Lande
Bis hin zum gewünschten Ufer
Dort werden sie entladen
Laben sich am fremden Lande
Wie Maden über Verfaultes
Aller Art an einem Ort
Und ziehen wieder fort

Ruhe

Kein Ton
Kein Laut
Kein Geräusch
Kein Sagen
Kein Reden
Kein Sprechen
Einfach nur völlige Ruhe

Nachtfahrt

Auf großer Fahrt
Die Lichter des Landes
Wie Sternschnuppen vorbeiziehen
Und in der Dunkelheit verblassen

Verlangen

Sie wollen nur das Eine
Doch gibt es ihnen keine
Sie möchten in den Schoß
Das Verlangen sehr groß

Sie immer wieder scheitern
Müssen ihren Horizont erweitern
Denn wenn sie bleiben lieb
Hilft das sogar dem Trieb

Verpasste Chance

Eine Gelegenheit
Mit krönendem Erfolg
Das Ziel zum Greifen nah
Doch lässt er sie entweichen
Verpasst somit seine einzige Chance

Blumen

So wunderschön und farbenfroh
Lassen dein Gesicht erstrahlen
Deine Augen funkeln
Wären sie nur von mir

Beobachter

Von weit entfernt
Blicke ich herab
Auf die einfachen Menschen
Und ihre Taten
Wie sie sich
Ihre Wege bahnen
Auf der Suche nach ihrer selbst
Entlang des Weges
Sich selbst verlieren
Die falschen Richtungen wählen
Sich selbst verletzen
Bis sie den Weg
Nicht mehr beschreiten

Nachtschiff

Die Nacht über den Tag gekommen
Die Dunkelheit das Licht genommen
Doch im Inneren bleibt es bestehen
Es wird nicht so schnell vergehen

Draußen hört man nur das Meeresrauschen
Dem Pfeifen des Windes kann man lauschen
Im Inneren die Ruhe bricht
Durch laute Musik und grelles Licht

Die Stimmung im Inneren völlig ausgelassen
Die Momente im Kopf nicht so schnell verblassen
Man sich dort mit Leuten zusammen vereint
Dennoch fühle ich mich völlig allein

Spießbürger

Zu allem und jedem
Sie eine Meinung haben
Eine, die niemand teilt
Außer ihresgleichen
Was sie aber nicht wissen
Wie falsch sie eigentlich liegen
Wie allein sie dastehen
Doch begreifen sie es nicht

Rausch

Durch des Teufels feines Gebräu
Die Menschen äußerst gefühlsbetont
Ob laut oder doch scheu
Keiner bleibt davon verschont

Es benebelt den Verstand
Vergiftet den Geist
Man sein eigen Selbst verbannt
Bis es einen zerreißt

Der Eine

Wann bin ich der Eine?
Der Eine in ihrem Herzen
Der Eine in ihrem Kopf
Der Eine in ihrer Nähe
Der Eine an ihrer Seite
Der Eine in ihrem Schoß
Wann bin ich der Eine?

Wand

Ich möchte dich
In mein Herz schließen
Eine Wand
Den Weg versperrt
Möchte sie einreißen
Doch ist sie von dir

Gefühlschaos

Du bist in mein Leben getreten
Ohne jegliche Vorwarnung
Hast ohne ein Wort mein Herz betreten
Ohne jegliche Einladung

Du bist ständig in meinem Kopfe
Ich habe dich immer vor Augen
In meinem Herzen starkes Geklopfe
Als würde ich ständig laufen

Die Stunden, die ich mit dir verbringe
Mir immer endlos erscheinen
Ich deine Wärme empfinde
Wir in eine eigene Welt entweichen

Wir uns sehr gut verstehen
Doch fühle ich für dich mehr
Bleibt unser Verhältnis bestehen
Wenn ich sage, ich mag dich sehr?

Vorstellung

Wir zwei schon vieles erlebt
Die Zeit uns völlig egal
Doch ist nichts davon real
In meinem Kopf es weiterlebt

Übernahme

Mit jedem Tag, der vergeht
Meine Gefühle für dich wachsen
Bis sie mich komplett verschlungen
Und ich ohne Geist nach dir schaue

Kopfkino

In meinem Kopf, wir alles machen
Über alles reden und auch lachen
Wir liegen uns in den Armen
Verbringen den Tag im Warmen

In meinem Kopf, wir zusammenleben
Eine perfekte Familie anstreben
Sehen unsere Kinder beim Wachsen
Wie sie sich langsam vortapsen

In meinem Kopf, wir gemeinsam alt
Der Tod uns holt, schon bald
Zieht dich in die Dunkelheit
Und mich in die Wirklichkeit

Wann siehst du mich?

Wann siehst du mich
Wie ich dich sehe?

Wann suchst du nach mir
Wie ich nach dir suche?

Wann vermisst du mich
So wie ich dich vermisse?

Wann fühlst du
So wie ich für dich fühle?

Stilles Leben

Eine einsame, versteckte Hütte im Wald
Drinnen das flackernde Licht des Feuers
Draußen der Wind durch die Bäume schallt
Dies ist das Haus des jungen Träumers

Er lebt dort für sich allein
Verbringt die Zeit mit sich
Braucht niemand bei sich daheim
Er ist völlig glücklich

Doch langsam ein Gefühl aufkommt
Es in seiner Brust fest sitzt
Es in den Kopf hinaufkommt
Sich in den Verstand einritzt

Er wünscht jemand bei sich
Jemand bei ihm daheim
Am besten liebevoll und fürsorglich
Dann fühlt er sich nicht mehr allein

Zwei Welten

In der einen Welt
Nach innen gekehrt
In der anderen Welt
Von allen verehrt

Nachricht

Egal wann
Ich eine Nachricht
Von dir erhalte
Mit großer Freude
Dir immer antworte
Lasse keine Zeit
Verstreichen
Selbst wenn ich Tage
Auf deine Antwort
Warte

In Gedanken gefangen

Egal was ich mache
Ich kann mich nicht lösen
Verliere mich in Gedanken
Bis ich nichts mehr sage

Schönheit

Du bist die Schönheit
Nach der mein Herz schreit

Du bist in allem perfekt
Du hast meine Liebe erweckt

In allem bist du wunderbar
Ach, wärst du nur für mich da

Monster in uns

In einem jeden es schläft
Tief in Inneren vergraben
Es nach Freiheit späht
Um sich am Leid zu laben

Es sich vom Dunklen nährt
Kratzend an die Oberfläche
Es uns leise verzehrt
Und nutzt unsere Schwäche

Es übernimmt den Geist
Übernimmt den Verstand
Uns in die Dunkelheit reißt
Bis unser selbst endgültig verbannt

Meine Liebe

Anfangs du mein Interesse geweckt
Langsam du mein Herz erweckt
Innerlich, ich für dich brenne
Nachts, ich gern bei dir wäre
Am Ende, wir hoffentlich vereint

Der Autor

Samuel Nagel wurde 2004 in Bad Tölz geboren. Vor etwa einem Jahr begann er, Gedichte zu schreiben – eine Tätigkeit, bei der er seinen Gefühlen und Gedanken freien Lauf lassen kann und die sich inzwischen zu einer großen Leidenschaft entwickelt hat.